HOUILLES ÉTRANGÈRES

APPEL AU GOUVERNEMENT

POUR OBTENIR QUE LES HOUILLES ÉTRANGÈRES SOIENT FRAPPÉES, A LEUR ENTRÉE EN FRANCE, D'UN DROIT UNIFORME.

PUBLICATION FAITE SOUS LES AUSPICES DE MANUFACTURIERS ET D'INDUSTRIELS DES DÉPARTEMENTS DE LA SEINE-INFÉRIEURE ET DE L'EURE, AVEC LE CONCOURS DE CAPITAINES DE NAVIRES ET D'ARMATEURS DE TOUS LES PORTS MARITIMES DE FRANCE.

« Je ne pense pas qu'on tire une objection de ce « que les houilles anglaises feront concurrence « aux houilles belges; j'avoue que mon patriotis- « me n'est pas assez cosmopolite pour qu'il s'in- « quiète de savoir quel sera le résultat de cette « concurrence. »

(M. BILLAULT, Chambre des Députés de 1841.)

ROUEN.

IMPRIMERIE DE H. RIVOIRE,
Rue Saint-Étienne-des-Tonneliers, 1.

1852.

HOUILLES ÉTRANGÈRES

IMPORTATION EN FRANCE. — DROITS DE DOUANE.

HOUILLES ÉTRANGÈRES

APPEL AU GOUVERNEMENT

POUR OBTENIR QUE LES HOUILLES ÉTRANGÈRES SOIENT FRAPPÉES, A LEUR ENTRÉE EN FRANCE, D'UN DROIT UNIFORME.

PUBLICATION FAITE SOUS LES AUSPICES DE MANUFACTURIERS ET D'INDUSTRIELS DES DÉPARTEMENTS DE LA SEINE-INFÉRIEURE ET DE L'EURE, AVEC LE CONCOURS DE CAPITAINES DE NAVIRES ET D'ARMATEURS DE TOUS LES PORTS MARITIMES DE FRANCE.

ROUEN.

IMPRIMERIE DE H. RIVOIRE,
Rue Saint-Étienne-des-Tonneliers, 1.

1852.

« Je ne pense pas qu'on tire une objection de ce
« que les houilles anglaises feront concurrence
« aux houilles belges, j'avoue que mon patriotis-
« me n'est pas assez cosmopolite pour qu'il s'in-
» quiète de savoir quel sera le résultat de cette
« concurrence. »
(M. BILLAULT, Chambre des Députés de 1841.)

I.

Le moment est certainement arrivé de demander au gouvernement de la France un acte d'éclatante justice, sollicité toujours vainement depuis bien longtemps, mais surtout depuis 1836 : l'abolition du système des zones, la création, pour le remplacer, d'une perception uniforme pour les houilles étrangères, qu'elles soient introduites par terre ou par mer.

Aujourd'hui, on doit avoir foi entière dans le succès, car le patriotisme éclairé du chef de l'État commande la confiance; ses heureuses inspirations, le salutaire emploi qu'il a constamment fait du pouvoir absolu que la France a été heureuse de lui conférer, l'examen approfondi et savant auquel il veut bien se livrer pour toutes les questions qui intéressent sérieusement le commerce et l'industrie, deux branches principales de notre arbre social qui excitent visiblement ses sympathies particulières, parce qu'il est justement pénétré qu'avec l'agriculture ce sont les principales richesses de la nation, nous donnent l'assurance que notre parole, si faible qu'elle soit, sera entendue, parce qu'elle est l'expression de la vérité.

Maintenant, et nous le disons avec la plus complète satisfaction, sans la crainte de blesser un passé qu'il n'est pas possible de juger, d'ailleurs, au même point de vue que le présent, le temps des puissantes influences est bien loin de nous; les intérêts particuliers, *habilement* servis par d'*habiles* discours, n'auront plus, nous n'en pouvons douter, le privilége de la préférence sur les intérêts généraux, et la demande que nous formulons, ou plutôt que nous renouvelons, sera prise en considération parce qu'elle est juste, parce qu'aucune objection sérieuse, quelle que soit la décoration que pourrait lui donner une imagination habile, ne saurait être produite contre elle.

Nous le disons avec conviction du reste, sans le secours de la tribune, sans l'influence considérable exercée sur le parti parlementaire par de puissants intérêts privés, sérieusement engagés à soutenir le monopole exorbitant créé, dans un moment d'erreur, en faveur de la Belgique, au détriment de nos intérêts nationaux, il y a longtemps que, depuis 1836 notamment, les droits différentiels qui frappent les houilles étrangères auraient été remplacés dans nos tarifs de douane par des droits uniformes sagement combinés avec la juste protection due aux produits de nos houillères françaises.

Actuellement, nous n'avons plus de considérations

personnelles à craindre ; la question que nous soulevons de nouveau sera examinée avec la loyauté, l'impartialité qui président à tous les actes émanant de l'autorité de notre gouvernement ; l'intérêt général sera seul pris en considération ; nous croyons fermement que le succès est certain pour la réclamation que nous formulons avec autant de désintéressement que de loyauté, et nous terminerons ces quelques lignes d'introduction, en disant : Nous réussirons enfin, car le bon droit est pour la cause que nous soutenons.

Pour faire bien apprécier la demande que nous reproduisons et la discussion des moyens, toujours les mêmes, qui lui ont été opposés par les adversaires du nivellement des droits sur les houilles étrangères, nous ne croyons pas inutile d'indiquer d'abord les endroits de notre production indigène et ceux de la production étrangère, les diverses taxes de douane dont ces dernières ont été successivement frappées pour leur introduction dans notre pays et quelques-unes des considérations générales qui ont conduit à des modifications aux tarifs.

II.

Occupons-nous d'abord des houilles françaises. Nous pouvons dire qu'elles sont presque un produit nouveau, car leur exploitation n'a pris quelque développement que dans le commencement de ce siècle. C'est en 1774 que les premiers charbons de terre ont été présentés à Paris pour y être vendus à la livre. Vers 1780, on n'en consommait guère que dans quelques ateliers de forges et pour quelques industries spéciales seulement. Le charbon de bois était dans les habitudes, et chacun sait combien il faut de temps pour opérer quelque changement dans les usages d'un peuple : on considérait le charbon de terre comme ayant une vapeur maligne, une odeur insupportable pour ceux qui n'y étaient point accoutumés.

Longtemps la consommation a eu peu de besoins à satisfaire, et pendant grand nombre d'années les premiers bassins d'extraction, en France, ont été sans concurrents; mais si la houille, vers la fin du siècle dernier, n'entrait que par quelques livres à la fois dans la consommation, nos bassins houillers étaient peu nombreux et surtout peu ou point productifs, si dès lors les droits dont la houille étrangère était frappée importaient peu à l'intérêt général, il n'en est plus de même aujourd'hui. Les houilles entrent dans la consommation française par millions d'hectolitres ; elles sont employées pour nos usines, notre éclairage, notre chauffage, le chauffage du pauvre comme le chauffage du riche, notre marine, nos moyens de transport, etc. ; elles exercent une influence considérable sur nos industries manufacturières ; elles sont devenues, en cinquante ans, de rien qu'elles étaient, un objet de première nécessité, et l'intérêt général, si étranger alors dans toutes les questions qui se rattachaient aux houilles, est puissamment engagé aujourd'hui à favoriser sa production au meilleur marché possible.

L'accroissement des bassins houillers, en France, a suivi l'accroissement prodigieux de la consommation, et actuellement au lieu de six mines ouvertes jusqu'en 1809, nous possédons près d'une cinquantaine de bassins exploités sur des bases autrement larges que celles sur lesquelles s'opéraient les extractions avant cette époque. Ces bassins houillers sont situés dans les départements du Nord, de la Moselle, des Vosges, du Bas-Rhin, du Haut-Rhin, de la Haute-Saône, de la Nièvre, de Saône-et-Loire, de l'Allier, du Puy-de-Dôme, de la Haute-Loire, du Rhône, de la Loire, de l'Ardèche, du Var, du Gard, de l'Hérault, de l'Aude, du Tarn, de l'Aveyron, du Lot, du Cantal, de la Dordogne, de la Corrèze, de la Creuse, de la Vendée, des Deux-Sèvres, de la Loire-Inférieure, du Maine-et-Loire, du Finistère, de la Mayenne, du Calvados, de la Manche et du Pas-de-Calais.

Les trois principaux bassins sont ceux de la Loire, qui peuvent alimenter tout à la fois Marseille, Paris et Nantes ; ceux du Nord, qui alimentent leur contrée et qui ont par les canaux de faciles communications avec Paris, les départements de l'Eure, de la Seine-Inférieure, et aussi avec les ports de la Manche par Dunkerque. Les bassins du Creuzot et de Blanzy ont pour leurs produits un débouché assuré et facile par le canal du centre.

Telle est la situation géographique des bassins houillers de la France.

Les charbons étrangers envoyés en France proviennent de la Prusse, de la Belgique, de l'Angleterre et quelque peu aussi des états d'Allemagne.

Sans remonter au-delà d'une époque où la consommation des houilles a réellement acquis de l'importance en France, voyons quels ont été depuis plus de trente ans les droits moyennant lesquels les charbons étrangers ont été successivement admis chez nous à l'importation.

Après la séparation de la Belgique et de la France, la loi du 28 avril 1816, destinée à modifier sérieusement l'ensemble des tarifications de douane, avait fixé un droit uniforme pour les importations par mer, et un autre droit également uniforme pour celles admises par terre. Par mer et par navire français, le droit était de 11 fr. pour les 1,000 kilogrammes; il était de 16 fr. 50 lorsque l'importation avait lieu sur des navires étrangers; par terre le droit était de 3 fr. 30; la seule exception était de la mer à Baisieux inclusivement; le droit pour les introductions sur cette partie du territoire était de 6 fr. 60, et de 1 fr. 65 lorsque les introductions avaient lieu par les départements des Ardennes, de la Meuse et de la Moselle.

Sauf une légère modification résultant de la loi du 21 avril 1818 et celle du 7 juin 1820 concernant les importations par les départements de la Meuse et de la Moselle, le tarif de 1816 fut tenu en viguenr jusqu'en 1835.

Or, quelle était l'économie de cette loi fiscale? avait-elle seulement pour but de protéger nos produits similaires? Non, assurément; elle créait aussi un monopole presque exclusif en faveur des produits charbonniers de la Belgique sur tous nos marchés, car le moindre droit moyennant lequel les charbons de l'Angleterre pouvaient être introduits en France, était alors de 11 fr., tandis que le droit le plus élevé frappé sur les charbons belges n'était que de 3 fr. 30.

Si, d'un côté, la consommation française payait à beaux deniers comptants ce monopole assuré à la Belgique, d'un autre côté, il ne pouvait manquer d'éveiller l'attention de l'Angleterre, toujours soigneuse de ses intérêts maritimes et commerciaux.

III.

En effet, lorsqu'il fut établi que la consommation de la houille en France avait atteint un chiffre considérable, et qu'elle tirait de la Belgique des approvisionnements importants auxquels ne pouvaient suffire nos houillères indigènes, la susceptibilité de l'Angleterre s'est éveillée en regardant nos tarifs à l'égard de la Belgique ; elle y a vu que cette nation y puisait le droit d'introduire ses houilles par terre au droit de 3 fr. 30 par 1,000 kilogrammes. Alors, et nous tenons ces renseignements de source certaine, l'ambassadeur anglais dut dire au gouvernement français : Il y a une puissance qui est plus favorisée que l'Angleterre, et cependant elle traite avec vous sur le pied des nations les plus favorisées. L'Angleterre exploite des houillères au-delà de sa consommation, vous devez la placer dans la même situation que la nation la plus favorisée. En conséquence, elle demande à introduire ses houilles concurremment avec la Belgique au même droit de 33 centimes par 100 kilogrammes, soit 3 fr. 30 pour 1,000 kilogrammes.

La demande de l'Angleterre tendait à réclamer un acte de justice qu'il était difficile de lui refuser ; aussi ce fut à ce moment un embarras pour le gouvernement français, car il négociait alors sur d'autres points de vue avec la

Belgique, qui demandait, de son côté, qu'on lui conservât la préférence de l'approvisionnement de la France.

C'est dans ces circonstances délicates et difficiles que, par une sorte de conciliation, lors de laquelle rien n'a été oublié, excepté l'intérêt du consommateur français, fut rendue l'ordonnance de 1835 modifiant le tarif en ce sens que le droit était réduit de 11 fr. à 5 fr. 50 par navires français et de 16 fr. 50 à 11 fr. par navires étrangers pour les importations par mer depuis les Sables-d'Olonne jusqu'à Dunkerque inclusivement; de 11 fr. à 3 fr. 30 par navires français et de 16 fr. 50 à 5 fr. 50 par navires étrangers pour les introductions sur tous les autres points du littoral; c'est à dire que par une combinaison destinée à satisfaire l'Angletere et la Belgique, le gouvernement français permettait à l'Angleterre d'introduire ses houilles sur notre territoire maritime, à partir des Sables-d'Olonne jusqu'à Toulon, et qu'elle laissait à la Belgique l'exercice de son monopole sur la partie du littoral comprise entre les Sables et Dunkerque; mais dans cette combinaison, et ainsi que nous l'avons déjà dit, un troisième intérêt avait été sacrifié, c'était celui de tous les consommateurs compris dans cette dernière zone, puisqu'on les laissait toujours tributaires de la Belgique.

Cela demeurait constant, car, d'un côté, les charbons belges étaient à l'abri de la concurrence des charbons anglais, par un droit protecteur de douane encore suffisamment élevé, et, d'un autre côté, il était de notoriété que les charbons français étaient dans l'impossibilité de suivre les charbons belges sur les principaux marchés de cette partie du littoral.

Ce n'était donc point les charbons français qui étaient, par l'ordonnance de 1835, protégés contre les charbons anglais et belges, c'était la Belgique qui était protégée contre l'Angleterre. Étrange système qui ne pouvait échapper aux hommes éclairés, sérieusement occupés des intérêts de leur pays. Évidemment il n'en eut pas été de même si le droit de 5 fr. 50, d'ailleurs plus justifiable, avait été appliqué à la zone du sud, dans laquelle pouvaient beaucoup plus difficilement parvenir les houilles de la Belgique.

Quoi qu'il en soit, ce système de protection, adopté par le gouvernement de la France au profit des houilles de la Belgique, contre les produits similaires de l'Angleterre, consacré par l'ordonnance de 1835, avait alors, nous le reconnaissons, quelques raisons d'être au point de vue de la politique, qui ne marche pas toujours d'accord avec les intérêts commerciaux. La Belgique avait été France peu d'années auparavant, des d'intérêts communs liaient encore les deux pays, une alliance de famille unissait les deux gouvernements; les mines à charbon de la Belgique étaient pour ainsi dire le patrimoine entier de familles françaises. Les relations commerciales entre les deux pays étaient naturelles et commandées par leur situation, leur rapprochement et la facilité de leurs communications; elles étaient imposées encore par les habitudes, par les liens non encore rompus des populations. — Dans ce temps-là, au contraire, il existait un antagonisme certain entre la France et l'Angleterre; des rivalités commerciales autant que des rivalités de personnes éclataient partout et dans toutes les occasions; des susceptibilités réciproques semblaient toujours devoir être le prochain signal de la rupture d'une paix diplomatique qui avait fait cesser les hostilités ouvertes, mais qui n'avait pas arraché du cœur des populations et de leurs gouvernements le secret désir d'en revenir à une lutte sérieuse. Si ce n'était un désir, ce pouvait être au moins une crainte.

Telle était certainement la situation politique de la France, de l'Angleterre et de la Belgique à l'époque de l'ordonnance de 1835. C'est un fait qu'il importait de constater, car il indique l'esprit qui a dû présider à la rédaction de cette ordonnance, rendue cependant en vue de donner satisfaction à l'Angleterre, satisfaction qu'il était impossible de refuser aux réclamations bien connues alors de l'ambassadeur britannique, et dont il a été déjà dit quelques mots.

IV

Les adversaires de la juste demande du nivellement des zones, disposés à combattre avec toutes les armes en faveur de leur système intéressé, pourront méconnaître la vérité de cette situation, et prétendre, comme ils l'ont fait toujours, qu'il ne s'agissait alors comme aujourd'hui que de sauvegarder les produits de nos houillères françaises; mais l'histoire est là, tous les exemplaires du *Moniteur* ne sont pas anéantis. Tout le monde sait que quand le gouvernement français, en 1836, a demandé à la chambre des députés la ratification de son ordonnance de 1835, il s'est alors élevé une sérieuse discussion d'opposition, bien que les conditions de la situation fussent celles qui viennent d'être présentées. Aussi, bien convaincu que ces conditions imposées par les circonstances politiques, devaient être favorablement appréciées par nos députés, l'honorable rapporteur de la commission n'hésita pas à dire qu'il s'agissait avant tout d'être agréable à la Belgique. Cet aveu assurément jugeait tout le système du gouvernement au point de vue commercial. Les intérêts de nos industriels, de nos consommateurs n'avaient pu triompher de la nécessité politique d'être favorable à la Belgique, de donner une préférence à ses charbons pour empêcher que ceux de l'Angleterre ne vinssent alimenter les marchés de la France, où les produits indigènes étaient dans l'impuissance de faire face à tous les besoins de la consommation. Il nous fallait des charbons étrangers, mais quelles qu'en dussent être les conséquences pour les industriels, pour le commerce en général, des raisons d'état exigaient que les meilleures, les plus importantes places de consommation fussent assurées de préférence à la Belgique. M. le rapporteur terminait son travail par cette phrase qui doit prouver bien plus que ne pourrait prouver tout ce que nous pourrions dire avec nos inspirations personnelles.

« *Le système des zones est un système transitoire dont* « *on ne se dissimule pas les vices; mais qui, envisagé* « *comme un acheminement prudent vers un état de choses* « *plus juste et plus libéral, est digne de* QUELQUE *sollicitude.* »

Voilà avec quelles paroles le système des zones était défendu, en 1836, par la commission qui demandait à la chambre la ratification de l'ordonnance de 1835.—L'honorable rapporteur, intimement convaincu que la loi était mauvaise, contraire aux véritables intérêts du pays et du commerce, ne remplissait-il pas là le rôle de l'avocat d'un accusé accablé par la déposition des témoins et qui n'a d'autre ressource que de terminer sa plaidoirie en demandant des circonstances atténuantes?

Quant aux adversaires du projet de loi de 1836, pouvaient-ils croire qu'ils auraient à invoquer en 1852, seize ans après, le témoignage du rapporteur de cette loi pour réclamer la disparition de nos codes de douane d'une disposition qui y avait trouvé place sous la foi de la promesse qu'elle n'était qu'un acheminement prudent vers un état de choses plus juste et plus libéral.

Mais si M. le rapporteur de la loi de 1836 ne pouvait dissimuler l'opinion qu'il avait et qui était celle de la commission dont il présentait le travail, s'il ne pouvait s'empêcher d'exprimer la pensée qu'il ne s'agissait que d'une loi transitoire sans force comme sans vie, l'honorable M. Passy, alors ministre du commerce, parlant au nom du gouvernement dont il se faisait l'organe, était plus explicite encore; sous ses paroles la pensée arrivait plus nette et mieux formulée que dans la bouche de M. le rapporteur lui-même; il disait :

« *Si la division des zones devait être considérée comme* « *permanente*, **JE SERAIS LE PREMIER A LA REPOUSSER.** »

« **C'EST UN SYSTÈME TRANSITOIRE DONT NOUS NE NOUS** « **DISSIMULONS PAS LES INCONVÉNIENTS**, *c'est un mal que* « *l'inégalité des frais de production, qu'il établit entre* « *les diverses portions du territoire, laisse dans des con-* « *ditions diverses des usines qui, travaillant les mêmes* « *objets, ont, pour fournir la même somme de produits,* « *besoin de la même quantité de combustible, etc.* »

Rien assurément de plus précis ne pouvait être articulé contre le projet de loi de 1836; le gouvernement ne demandait plus, cela était clair, qu'un temps moral suffisant pour donner une légitime satisfaction aux intérêts généraux compromis par l'ordonnance de 1835, et c'est bien positivement sous cette impression que la chambre des députés a décidé que les charbons étrangers introduits par mer depuis les Sables-d'Olonne jusqu'à Dunkerque payeraient 5 fr. 50 par 1,000 kilogrammes, et 3 fr. 30 pour tous les autres point du littoral, tandis que par terre ils n'auraient à acquitter que 1 fr. 65 comme droit le plus élevé. Les discussions sérieuses et approfondies au sein de la commission et dans la chambre des députés, de la part d'hommes considérables qui n'étaient guidés que par l'intérêt commercial de leur pays, avaient ruiné complétement tout le système de l'ordonnance de 1835, et malgré l'adoption de la loi de 1836, adoption qui n'était qu'un acte de déférence, il demeurait reconnu en équité, en bonne justice, que tous les charbons étrangers admis à l'entrée sur le territoire français devraient être prochainement frappés du même droit d'importation, qu'ils fussent introduits par terre ou par mer ; et, à plus forte raison, il était reconnu qu'il n'y avait pas de motifs sérieux, discutables, consciencieusement et de bonne foi, pour qu'un droit différentiel fût appliqué aux houilles importées sur le littoral compris depuis les Sables-d'Olonne jusqu'à Dunkerque, zone de l'ouest, et sur celles introduites depuis Toulon jusqu'aux Sables-d'Olonne, zone du sud, — ligne de démarcation arbitraire qu'il n'a été possible de justifier que par des arguments politiques : la nécessité d'assurer à la Belgique la vente de ses produits houillers sur notre territoire jusqu'aux portes de l'Angleterre.

V

Si déjà, en 1836, les besoins du commerce et de l'industrie, dont les développements ne s'accomplissaient qu'avec les plus grandes difficultés et qui n'avaient point encore ouvert, dans les proportions qu'elles ont acquises depuis, une lutte sérieuse et honorable sur tous les points du globe avec tous les autres pays commerçants et industriels de la terre, si ces besoins, déjà pressants, réclamaient une solution contraire à celle sollicitée des représentants légaux du pays, et obtenue par le gouvernement, on pouvait, du moins, avoir l'espoir que la division des zones ne serait point permanente ; que les houilles étrangères, de quelque provenance qu'elles soient, subiraient les mêmes conditions, sans se départir, toutefois, de la protection due à nos produits indigènes, et que, fidèle à ses engagements, le gouvernement, dans un court délai, prenant une louable initiative, viendrait proposer un tarif uniforme.

Bientôt, alors, on devait s'occuper de la révision du tarif des douanes en général, et c'était ce moment que le gouvernement disait avoir choisi pour régulariser la situation anormale créée par la loi de 1836, conséquence de l'ordonnance de 1835. On attend patiemment, quand on croit enfin obtenir la chose même à laquelle on a le plus de droit.

L'industrie et le commerce qui avaient à supporter la taxe onéreuse dont ils se trouvaient frappés au seul profit de la Belgique, taxe dont l'accroissement suivait le mouvement progressif des affaires, attendaient donc avec confiance le moment opportun pour recevoir la légitime satisfaction qu'on leur devait.

En présence des déclarations de 1836, le doute pouvait-il être permis? Était-il possible de croire, qu'une fois la discussion engagée de nouveau, il y aurait encore des arguments possibles pour maintenir dans le *statu quo* une disposition qui ne devait son existence qu'à la promesse d'une prompte disparition?

La confiance la plus entière était la seule réponse possible aux promesses faites. Mais quel ne fut point l'étonnement lorsque dans le projet d'un nouveau tarif des douanes présenté par le gouvernement à la chambre des députés en 1841, on reconnut que le chapitre concernant les houilles étrangères était conservé dans les mêmes termes que ceux concédés bien plutôt qu'adoptés par la chambre de 1836.

Ce système des zones, ce système de droits différentiels sur les charbons étrangers, qui n'avait été jugé, alors, que par prévision, avait pu être apprécié sur les effets produits pendant cinq années. On ne manqua pas de dire avec autorité, après avoir rappelé au gouvernement ses paroles et ses promesses de 1836, que tout le système des droits appliqués aux houilles étrangères n'avait pas eu d'autre but que d'être favorable aux intérêts de la Belgique; que le résultat avait été de parquer la production étrangère et d'assigner, soit à la Belgique, soit à l'Angleterre, soit à la Prusse, des marchés pour leur exploitation individuelle, en réservant toujours la meilleure part pour les charbons belges; que ce système avait produit une concurrence pour les charbons français sur tous les marchés réservés, soit à la Prusse, soit à l'Angleterre, soit à la Belgique, mais qu'elle avait empêché cette concurrence pour les charbons étrangers entre eux, point essentiel qu'il aurait fallu rechercher avant tout, afin d'avoir la houille au meilleur marché possible; que le système des zones, sans protéger les produits de nos mines, avait eu pour inconvénient très grave de circonscrire dans un rayon les charbons étrangers; que l'entrée par la Moselle avait été réservée à la Prusse, l'entrée par les canaux à la Belgique dont les produits pouvaient ainsi s'étendre sur tous les points principaux; que, quant aux charbons anglais, il leur était presque impossible de se présenter ailleurs que sur les marchés rapprochés de la zone du sud.

Toutes les déductions tirées d'un système connu, appliqué depuis cinq années, appuyé par des états statistiques émanés du gouvernement, déductions présentées avec un talent oratoire qu'il est peut être possible d'atteindre, mais qu'il n'est pas possible de dépasser, étaient hors de toute contestation; la seule question était encore celle de l'opportunité. Les intérêts de la Belgique devaient-ils obtenir une préférence sur ceux de l'Angleterre, sur ceux de la France payant à bons deniers, par son commerce, le monopole consacré au profit des houillères belges?

Le gouvernement, qui n'avait pu oublier ses promesses; qui avait, en 1836, condamné, par ses organes officiels, le système des zones, les droits différentiels sur les charbons étrangers, ne pouvait, dès qu'il maintenait de nouveau ce système, en 1841, que se retrancher derrière le rideau toujours très-épais de l'opportunité.

Notre intérêt à conserver nos bonnes relations avec la Belgique fut encore invoqué; le gouvernement fit appel à des nécessités de situation qui ne pouvaient qu'être temporaires, et comme la question avait ainsi glissé de nouveau sur le terrain politique, la chambre de 1841, à l'exemple de la chambre de 1836, voulut bien encore ne point faire acte d'opposition et elle s'associa de nouveau au système des zones sur la déclaration suivante de M. le ministre de l'agriculture et du commerce :

« *Nous avons admis que le système des zones n'était* « *que transitoire, nous l'admettons encore; car du jour* « *où les communications seront rendues plus faciles, le* « *gouvernement sera heureux de venir vous proposer* « *non-seulement la disparition des zones*, MAIS ENCORE « L'ABAISSEMENT DES DROITS SUR LES HOUILLES ÉTRAN- « GÈRES. »

Il demeure donc constant que les droits différentiels d'abord n'ont été crées, par la loi du 28 avril 1816, que pour assurer nos marchés aux charbons de la Belgique à l'exclusion des charbons de l'Angleterre, et que le système des zones, inauguré ensuite par l'ordonnance de 1835, ratifié sur les instances du gouvernement, par les chambresen 1836 et en 1841, n'a été que la continuation de cette protection réduite, toutefois, à une étendue de territoire moins considérable, *mais que ce n'était qu'un acheminement vers un état de choses* PLUS JUSTE *et plus libéral;* que non-seulement pour la disparition des zones, mais encore pour l'abaissement des droits sur les houilles étrangères, il ne s'agissait plus que d'attendre que les communications fussent rendues plus faciles.

Il était essentiel de constater toutes ces choses, de s'appesantir profondément sur le côté politique de la quetion, le seul qui ait été sérieusement invoqué par le gouvernement en 1836 comme en 1841, le seul camp dans lequel il pût se retrancher, et dans lequel, en effet, il se retrancha toujours; ce point était essentiel à noter, car aujourd'hui nous allons examiner si la situation est restée la même, si l'expérience du passé doit enfin nous servir pour l'avenir.

VI.

La division bien tranchée de notre territoire, le temps qui a séparé d'une manière complète et absolue nos intérêts de ceux de la Belgique, les liens de famille qui rattachaient les gouvernements des deux pays ayant cessé d'exister, tout cela peut nous faire dire avec vérité que notre situation politique vis à vis de cette nation n'est plus la même que celle toujours invoquée en 1835, en 1836 et en 1841.

D'un autre côté, aujourd'hui plus que jamais, nous devons nous soumettre à la nécessité absolue de conserver nos bonnes relations avec tous les pays voisins, et de là, le devoir pour nous de ne point éveiller par des préférences, que nos besoins particuliers ne pourraient pas même justifier, la juste susceptibilité de l'Angleterre. Or si, d'un côté, sans blesser la Belgique qui ne peut que conserver de la reconnaissance pour un monopole dont elle a joui pendant plus de trente années, on doit renoncer à un système déplorable, d'un autre côté, nous nous trouvons dans l'obligation de ne traiter la question qu'au point de vue de l'équité et de la justice, et ces raisons commandent impérieusement de ne point favoriser la Belgique plutôt que l'Angleterrre, de ne point laisser se perpétuer sur notre territoire un monopole faisant profit à l'un au préjudice de l'autre.

Oui, il est constant que notre situation politique a changé depuis 1836 et 1841, et les raisons qui détermineraient le gouvernement à réclamer ouvertement une faveur considérable au profit de la Belgique dans la question des houilles, ont cessé d'exister, et dès-lors, cette préférence injuste, à toutes les époques, qui aurait dû disparaître depuis longtemps, ne peut plus survivre aujourd'hui aux causes qui semblaient la légitimer jusqu'à un certain point. Voilà pour le côté politique.

Quant au point de vue commercial, au point de vue des avantages d'une équitable réciprocité, avons-nous jamais eu à nous louer de la Belgique? On espérait, disait-on, semer pour récolter, et on semait au détriment même des intérêts commerciaux de notre pays, sacrifice qui valait bien quelque reconnaissance de la part de nos voisins. On espérait, disait-on, pour justifier tant de faveurs, qu'en accordant à la Belgique des immunités importantes de tarif, on obtiendrait en échange, pour nos nationaux, certains avantages pour l'exportation de leurs produits. Qu'est-ce donc que la Belgique nous a jamais concédé?

A-t-elle traité la France plus favorablement qu'aucun autre pays?

N'a-t-elle pas fait plus, au contraire?

Pour ses draps, par exemple, la Belgique est devenue la rivale de la France sur un grand nombre de marchés étrangers; nos fabriques ayant toujours jusqu'à présent attiré vers elles une préférence méritée, la susceptibilité des Belges s'est souvent manifestée, et toujours lorsqu'il a été question de l'abaissement des droits en faveur de certaines industries françaises à leur entrée en Belgique, les propositions ont rencontré une opposition de plus en plus vive.

D'un autre côté, la Belgique, privée de marine et de colonies, n'a jamais pris ses denrées coloniales dans nos entrepôts; elle a toujours demandé à l'Angleterre les sels que nous pouvions avoir la juste prétention de lui voir puiser dans nos salines.

Si la Belgique a abaissé insensiblement les droits d'importation pour nos vins, ce n'a été qu'une faveur déguisée, car par des droits d'accises considérables et par d'autres combinaisons fiscales, elle les repousse.

Enfin, pour notre librairie, il existe en Belgique une contrefaçon scandaleuse qui motive depuis longtemps les justes réclamations de la France.

Qu'a-t-on jamais obtenu?

Rien..... que la certitude d'une coopération au moins indirecte de la part du gouvernement belge dans le commerce clandestin auquel il a été impossible jusqu'à présent d'opposer une barrière salutaire.

Si quelque chose pourtant devait nous être accordé en échange des avantages considérables que nous avons toujours concédés à la Belgique, c'était assurément, et avant tout, le respect de notre propriété littéraire.

Il est donc constant que, du côté commercial toujours invoqué dans le passé à l'appui du côté politique, parce qu'ils sont intimement liés l'un à l'autre, le système adopté n'a rien produit, et après plus de trente-cinq années d'essais, il est bien temps de reconnaître que nous avons semé des bienfaits pour ne récolter que de l'ingratitude.

L'Angleterre, au contraire, par sa nouvelle loi de navigation, nous a non-seulement ouvert tous ses ports nationaux, mais encore ceux de ses colonies : avantage immense pour notre pays.

Évidemment, donc, à moins de fermer ses yeux à la lumière et ses oreilles à la parole puissante de la raison, le système des zones, le système de préférence que nous avons adopté au profit de la Belgique ne peut pas plus se soutenir par le côté politique qu'il ne peut se recommander par les avantages commerciaux qu'il nous a procurés.

Il arrive un temps où l'erreur greffée sur l'espérance n'est plus possible.

VII.

Examanons maintenant quel sera le résultat certain d'une égalité de droits sur les houilles étrangères, à leur entrée en France, qu'elles soient importées par terre ou par mer.

Occupons-nous d'abord de l'objection principale; c'est à dire examinons s'il en pourra résulter un préjudice quelconque pour nos houillères françaises, quel que soit le droit adopté.

Nous admettons comme point de départ essentiel à toute modification, que nos houilles françaises devront toujours être placées dans des conditions de concurrence avantageuses pour elles; que le système de nos lois de douane devra être conservateur de la protection que nous devons accorder à nos mines; mais il ne s'ensuit pas de là qu'on devra nécessairement grever le commerce et l'industrie au profit des propriétaires de nos houillères et qu'on devra empêcher une salutaire émulation dont le résultat devra être nécessairement une exploitation plus considérable, plus productive et s'accroître au fur et à mesure des besoins de la consommation.

Mais rappelons, d'abord, pour bien préciser toutes choses, que nos trois principaux bassins sont ceux de la Loire, ceux du Nord, ceux du Creuzot et Blanzy (Saône-et-Loire). Ainsi que nous l'avons déjà dit, ces dernières mines ont un facile débouché par le canal du Centre; ceux du Nord ont de faciles communications avec Paris et toute la partie inférieure de la Seine; quant à ceux de la Loire, ils envoient, sans difficulté, leurs produits sur Marseille, Mulhouse, Paris et Nantes. Tous nos bassins houillers, il faut bien le reconnaître, situés à d'assez grandes distances les uns des autres, ne se font guère de concurrence; leurs produits ne dépassent jamais certaines limites de territoire que les usages, que les habitudes ont pour ainsi dire consacrées; mais en définitive quels sont les charbons étrangers que nos charbons rencontrent particulièrement sur leurs principaux marchés? Ne sont-ce pas les charbons belges, et cela malgré le droit de 1 fr. 65 par 1,000 kilogrammes dont ils sont frappés à l'entrée, malgré les frais plus considérables de transport dont ils doivent être grevés, puisqu'ils sont plus éloignés du point où ils se vendent que n'importe quel bassin de France.

Des considérations appuyées par des calculs ont toujours une puissance certaine, et si le cadre du travai auquel nous nous livrons nous permettait des tableaux statistiques, ceux que nous sommes en mesure d'établir démontreraient de la manière la plus incontestable que ce que nous avançons est de la plus rigoureuse exactitude.

Cependant nous ne pouvons pas résister au besoin d'indiquer quelques chiffres, et, comme seul exemple général, disons que la houille belge est entrée en France pendant l'année 1850, pour 17 millions de quintaux métriques, tandis que l'importation de l'Angleterre, pour la même période, n'a été que de 5 millions de quintaux métriques. L'importation des états d'Allemagne n'a pas atteint 2 millions de quintaux métriques.

Cette proportion est la même pour toutes les années précédentes.

Pendant l'année 1851, sur la place de Rouen, il n'a été reçu que 1 million 357,825 kilogrammes de houilles françaises, tandis qu'il a été apporté 50 millions 275,361 kilogrammes de houilles belges.

Des 60,000 tonneaux de houille environ que Paris consomme annuellement, 43,000 viennent de la Belgique, 12 à 13,000 de nos départements du Nord, et 3 à 4,000 seulement des houillères du centre de la France.

Or, comment expliquer que les houilles belges, placées dans les conditions que nous connaissons : droit de douane à payer, peu élevé, il est vrai, mais sensible, néanmoins, à cause de la petite valeur de la marchandise sur laquelle il frappe, parcours plus considérable, aient pu ainsi s'emparer au préjudice de nos charbons français de deux des principaux marchés de notre pays.

Il demeure donc incontestable que les houilles belges, placées, sans doute, dans de plus faciles conditions d'exploitation que nos bassins, soit sous le rapport du terrain, soit sous le rapport de la main d'œuvre, produisent à bien meilleur marché.

Reconnaissons donc, puisque cela est certain, que les bassins de houille belges sont ceux de l'étranger qui se trouvent dans les conditions les plus favorables pour faire la concurrence à nos mines françaises, en général, et, en particulier, à nos mines du Nord, les plus considérables de notre exploitation indigène ; et, cependant, *sous le prétexte de protéger nos houillères*, ce sont les houillères belges qui jouissent des faveurs du tarif.

On devra toujours se rappeler ce point vraiment inexplicable, et nous le notons particulièrement parce que bien examiné, bien compris, on voit nécessairement tomber en ruine la plus complète le principal échafaudage du système des zones.

D'un autre côté, ce système a-t-il été combiné, comme on l'a dit aussi, pour favoriser les provinces du sud ?

Non, assurément, car cette partie du pays est loin d'être privée de moyens d'approvisionnement; cet approvisionnement est abondant même par le bassin de l'Aveyron, les houillères de Carmeau, de Saint-Aubin, de la Grande-Combe, qui versent avec la plus grande facilité leurs produits dans les canaux et les fleuves qui descendent aux grands ports de cette partie du littoral.

De quelque côté qu'on se retourne donc, le système des zones, l'application des droits différentiels, ne peuvent être justifiés par les raisons principales toujours invoquées à leur appui; on peut dire même, que celle invoquée en première ligne, celle de la protection à donner aux produits de nos houillères, est la moins admissible de toutes, et nous le répétons encore une fois, si cette raison eût eu un caractère sérieux, ce sont les houilles de la Belgique qui eussent dû être frappées du plus fort droit, comme étant les plus à craindre sur nos marchés pour les charbons français.

VIII.

Comme tout dans cette importante question doit paraître inexplicable, parce que de tous points les motifs ont toujours été en désaccord avec les faits, on ne doit pas être surpris d'avoir continuellement rencontré comme principaux adversaires du nivellement des droits sur les houilles étrangères, les places de commerce du Nord ; et, particulièrement, la chambre de commerce de Lille a toujours fait prévaloir son influence pour empêcher que cette question revînt de nouveau à l'étude ; elle a toujours manifesté les plus grandes craintes de voir le système des zones remplacé par un droit unique *que nous voulons avant tout être suffisamment protecteur pour nos extractions nationales.* On ne peut se demander sans étonnement quel motif sérieux, quelle raison d'intérêt peut conduire le commerce du Nord dans une voie d'opposition inexplicable sous tous les rapports, si nous en exceptons un seul qui puiserait sa source dans une rivalité qu'il ne serait guère possible de consigner dans aucun mémoire, quelle que soit la forme du langage.

Ce ne peut être, assurément, l'appréhension de voir le commerce, l'industrie, les particuliers privés du combustible dont il est fait dans la partie du Nord, nous le reconnaissons, un si grand emploi; il n'y a pas un pays en France qui soit dans de meilleures conditions d'approvisionnement, puisqu'il possède à son centre nos bassins nationaux les plus productifs, placés sur des voies de transport qui répondent à tous les besoins et qui s'améliorent chaque jour davantage.

Les charbons belges viendraient-ils à manquer complétement, que le Nord n'aurait pas à en souffrir un seul instant.

Mais sur ce point encore, de la possibilité d'une complète disparition des charbons belges, les craintes chimériques exprimées depuis longtemps avec plus d'adresse que de bonne foi et toujours renouvelées, quand on a cru l'occasion opportune, doivent cesser d'être produites, ou ne doivent plus être prises en aucune considération.

La Belgique est un pays commercial avant tout, ses productions de toutes sortes, et particulièrement les extractions de ses bassins houillers, dépassent considérablement ses besoins; et quelles que soient ses susceptibilités, quelles que soient plus tard les conditions dans lesquelles nous pourrons nous trouver vis à vis de l'Angleterre, jamais la Belgique ne renoncera aux marchés de la France, tant que ce pays voisin trouvera des avantages; sa population est considérable et il est urgent que la Belgique ne laisse point inoccupée la partie ouvrière de ses habitants; c'est une nécessité qui devra toujours prévaloir sur l'esprit de représailles qu'on veut bien, pour le besoin d'une mauvaise cause, tenir sans cesse suspendu sur la tête de la question.

Mais, d'ailleurs, qui pourrait prétendre, aujourd'hui que nos communications sont largement ouvertes, que des canaux, que des chemins de fer, que des routes et des chemins vicinaux entretenus avec le plus grand soin, siltonnent toutes les parties de la France, qui pourrait prétendre, disons-nous, que les charbons étrangers doivent être pour nous un auxiliaire indispensable?

Si les charbons étrangers cessaient de pénétrer sur notre territoire, il s'ensuivrait peut-être dans les premiers moments une surélévation dans les prix, mais assurément la disette ne se ferait pas sentir un seul instant, et nos bassins houillers, dont l'accroissement en nombre et en produits a marché d'un pas bien rapide déjà, trouveraient dans cet événement un nouvel élément d'activité.

Il suffit de rappeler la situation de nos mines et leur nombre actuel, que nous avons indiqué avec intention dans les premières lignes de ces observations, pour être complétement rassuré sur les approvisionnements de la France par nos produits nationaux.

Voilà qui répond péremptoirement, nous le croyons, à un argument qui pouvait avoir quelque poids en 1818 et 1836, quand nos houillères n'avaient pas pris tous les développements qu'elles ont acquis en 1852, et alors que le gouvernement pouvait dire : « Du jour où les communications seront rendues plus faciles, le gouvernement « sera heureux de venir vous proposer non-seulement la « disparition des zones, mais encore l'abaissement des « droits sur les houilles étrangères. »

A l'époque où nous sommes, cet argument belge que nous repoussons n'aurait pas seulement le premier tort, s'il était encore produit, de manquer, comme toujours, de bases solides, il aurait encore assurément celui d'être beaucoup trop vieux.

Du reste, nous le répétons, rien n'est plus chimérique que la crainte de voir, dans un temps quel qu'il soit, les houilles étrangères, les houilles belges surtout, abandonner les marchés de la France tant qu'elles y trouveront un débouché avantageux. En présence de la question d'argent, la part de satisfaction réservée à l'amour-propre a toujours occupé la place secondaire dans les actes de commerce.

Il est un second argument employé par la chambre de commerce de Lille, et au service duquel il lui a été impossible de donner de meilleures raisons que pour celui que nous venons de discuter : c'est la nécessité de grever l'industrie de l'Ouest par le prix plus élevé du combustible, pour établir une compensation utile au profit des établissements du Nord, placés dans de moins bonnes conditions à l'égard des cotons.

Cet argument, qu'on a toujours invoqué sans l'analyser, ne peut être sérieux ni résister au moindre examen. Est-ce que le port de Dunkerque, joint par un chemin de fer puissamment organisé, ne donne pas aux départements du Nord, à Lille particulièrement, des avantages de locomotion aussi considérables que ceux obtenus par Rouen? Nous disons Rouen parce que c'est la ville qui fixe particulièrement l'attention des Lillois et qui excite leur rivalité, sentiment fâcheux auquel on devrait seul attribuer l'opposition manifestée par les départements du Nord.

Ce second argument pouvait, à défaut de meilleur, être mis en avant autrefois, mais aujourd'hui il est également trop vieux ; il serait un anachronisme.

Mais, placé sur ce terrain, on pourrait être amené à examiner la question des salaires, qui sont beaucoup plus élevés pour l'industrie de Rouen que pour l'industrie de Lille, etc. Cela pourrait conduire beaucoup trop loin.

Il faudrait, en effet, si on voulait établir une position de parfaite égalité, examiner tout ce qui se rattache à la production, non-seulement en ce qui touche l'industrie des cotons, mais encore en ce qui concerne l'industrie des fers, l'industrie des tissus en soie, en laine, et beaucoup d'autres avec lesquelles il faudrait également compter. Du reste, si cet examen était fait, on peut être convaincu que les tableaux de comparaison ne seraient point à l'avantage des départements de l'Ouest. Sur ce point il doit suffire de dire, pour démontrer que nous sommes complètement dans le vrai, que sur le seul chapitre des houilles, l'industrie de la Seine-Inférieure, pour la consommation de son combustible, paye dans la même proportion et pour la même quantité 1,500,000 fr. de plus que le département du Nord.

Nous indiquons ce chiffre calculé sur 273,985 tonnes de toutes provenances consommées en 1850 dans le département de la Seine-Inférieure, et nous maintenons comme très-exacte que pareille quantité employée dans le département du Nord a coûté à l'industrie un million et demi de moins : somme considérable qui donne une facilité bien grande aux industriels du Nord pour la vente à bon marché de leurs produits, et qui explique l'intérêt qu'ils ont à s'opposer au juste dégrèvement réclamé par les industriels de la Seine-Inférieure, produisant en partie les mêmes marchandises.

Toutefois, pour compléter notre démonstration sur l'impossibilité d'établir, pour chaque pays de la France, des avantages égaux en raison de la situation géographique qu'il occupe, nous croyons devoir reproduire ici les termes dont se servait la chambre de commerce de Lille *elle-même* lorsqu'elle demandait que les droits imposés sur les houilles étrangères fussent les mêmes pour le Nord que pour l'Est ; elle répondait à une objectioon qui lui était faite dans un ordre d'idées pareil à celui que nous venons de suivre, et elle disait :

« Nous ne pouvons en aucune manière, disait cette Chambre de « Commerce, partager ces idées. On ne peut niveler partout le « prix de tous les produits, cela est incontestable : il faudrait, pour « y parvenir, établir des droits différentiels sur tous les articles « qui figurent dans le tarif et varier ces droits à chaque bureau ; « encore ne parviendrait-on ainsi à niveler les prix que pour les « seuls points où se trouveraient établis ces bureaux. Pour obte- « nir l'uniformité chimérique à laquelle on semble prétendre, il « faudrait, en outre, établir à chaque bureau de douanes autant « de droits différentiels qu'il y a de points de consommation à « l'intérieur. Cela conduirait à l'impossible, à l'absurde. Ce qui « nous paraît juste, ce qui est raisonnable, *c'est de laisser chaque « point à la frontière jouir des avantages qui lui sont propres*, « sans les atténuer pour chercher à produire un nivellement « qu'il est impossible d'établir et qui ne peut être tenté qu'au « détriment de l'industrie.

« Nous ne disputons pas à l'Alsace l'avantage du bon mar- « ché de la main-d'œuvre que lui donne le voisinage de la Suisse, « celui bien plus précieux encore des cours d'eau que lui a « donnés sa position géographique ; pourquoi nous disputerait- « elle le bon marché des charbons que peut nous procurer le « voisinage de la Belgique ?

« On paraît croire que la réduction du droit ne produirait qu'un « avantage minime, imperceptible, réparti sur l'ensemble des « fabrications.....

« L'emploi d'une force de vingt chevaux ne suppose pas un « établissement d'une très-grande importance. La consom- « mation de charbon de cet établissement, calculée à raison d'un « hectolitre par jour et par force de cheval, est, pour trois cents « journées de douze heures de travail, de 6,000 hectolitres par « année. Le droit de 33 c. sur 6,000 hectolitres coûte au fabricant « 1,980 fr. Il ne s'agit pas là, on le voit, d'un intérêt trop imper- « ceptible et trop minime. »

Voilà assurément qui était bien dit; mais il n'aurait pas fallu l'oublier. Oui, il est juste de laisser chaque point de la frontière jouir des avantages qui lui sont propres, sans les atténuer pour chercher à produire un nivellement qu'il est impossible d'établir et qui ne peut être tenté qu'au détriment de l'industrie; et partant de là, si la chambre de Lille a pu dire qu'il n'était pas possible à l'Alsace de lui disputer le bon marché des charbons, pourquoi s'opposerait-elle à ce que la chambre de commerce de Rouen pût dire que l'industrie de la Seine-Inférieure doit profiter des avantages qu'elle peut obtenir sur les cotons! Y eut-il jamais position plus analogue?

Plus nous approchons de la fin de notre travail, plus nous circonscrivons le terrain de nos appréciations. Il est, en effet, constant que la lutte n'est sérieuse qu'entre les départements du Nord et les départements de l'Ouest.

Or, pour en finir avec la chambre de commerce de Lille et pour bien établir que, pour elle, l'intérêt de clocher a toujours été le principal moteur de ses actes d'hostilité dans la question de nivellement des zones et des droits imposés sur les houilles étrangères, nous pouvons affirmer que ce n'est pas par tendresse pour nos produits nationaux qu'elle s'est toujours opposée à une réduction de droits sur les introductions par mer de houilles étrangères, ou alors ses sentiments se seraient singulièrement modifiés depuis 1834, époque à laquelle elle écrivait ce qui suit, pour répondre aux objections qui lui avaient été faites sur la possibilité d'abaisser les droits sur les houilles belges sans qu'il y ait à craindre un préjudice pour nos houilles françaises :

« La chambre de commerce de Valenciennes a trompé notre
» espoir. On nous avait assuré que la majorité de cette chambre

« était encore dans les mêmes dispositions qu'il y a quelques « années, lorsqu'elle combattait avec nous les prétentions d'Anzin; « mais il paraît que cette majorité a changé d'esprit, ou plutôt « qu'il y aura eu changement dans sa composition. Personne ne « s'étonnera, au reste, que la compagnie d'Anzin trouve là quel- « ques défenseurs : elle est sur son terrain et appuyée de toute « l'influence que doivent lui procurer l'importance et l'étendue « de ses rapports. Les actionnaires de la nouvelle compagnie de « Douchy, fort nombreux à Valenciennes, ont dû, en outre, s'unir « aux défenseurs du monopole d'Anzin. Ces considérations, que « tout le monde peut apprécier, ôteraient vraisemblablement « une grande partie de leur poids aux efforts que la Chambre de « commerce de Valenciennes pourrait être tentée de faire pour « s'opposer à l'admission de nos réclamations. »

Il est donc évident que si le gouvernement voulait encore réduire la taxe à l'entrée sur les houilles belges, l'abaisser de 1 fr. 65 à 0,55 c., la chambre de commerce de Lille approuverait; elle déclarerait que nos houillères nationales sont encore suffisamment protégées; mais dès que la réduction doit atteindre les charbons anglais, frappés cependant d'un droit cinq fois plus élevé que les charbons belges, il y a danger; la chambre de Lille s'agite, elle voit péril partout, et il faut de toute nécessité se maintenir dans les anciens errements.

Nous ne craignons pas de dire de la manière la plus énergique qu'une cause défendue avec de pareils moyens est une cause perdue, et que le silence serait assurément, pour elle, beaucoup plus éloquent; il aurait, d'ailleurs, l'immense avantage d'être beaucoup plus digne.

Mais la chambre de commerce de Lille, qui ne prévoyait pas qu'elle aurait plus tard à soutenir une thèse diamétralement opposée, a encore écrit ce qui suit lorsqu'en 1833, fidèle à son système, elle réclamait un dégrèvement de droits au profit des houilles de la Belgique, afin d'obtenir nos charbons français du Nord à meilleur marché. Cette fois, la chambre de commerce de Lille, qui ne se préoccupait pas de l'avenir, pouvait écrire la vérité : ce qu'elle a fait; car alors, avant 1835, les houilles anglaises étaient frappées du droit énorme de 11 fr. par 1,000 kilog., les industriels de l'Ouest devaient nécessairement employer les houilles du Nord, grevées des frais énormes de transport, que n'avaient point à payer les industriels de Lille, frais de transport qui constituaient les industriels de l'Ouest dans des conditions de si grande infériorité à l'égard du combustible, qu'elle était certaine de toujours conserver, pour les siens, des avantages considérables.

Nous disons donc qu'en 1833, la chambre de commerce de Lille croyait pouvoir, sans inconvénient, produire la vérité, et elle disait :

« Les consommateurs des départements du nord de la France, « s'effrayent à la pensée de voir encore repousser les réclama- « tions qu'ils n'ont cessé d'adresser au gouvernement pour « obtenir la réduction du droit perçu sur les charbons étran- « gers.....

« Convaincue que le charbon est, comme le pain, un objet de « première nécessité pour les classes pauvres de la société; qu'un « droit, MÊME MODÉRÉ (1), sur les houilles, nuit au développe- « ment de l'industrie, la Chambre de commerce de Lille applau- « dira à toutes les mesures qui, sans compromettre l'existence « de nos houillères, procureront le combustible au prix le plus « avantageux possible sur tous les points de la France.....

« Il pèse (le droit sur les houilles) encore tout entier sur l'in- « dustrie de PARIS, ROUEN, Saint-Quentin, Amiens, Lille, sur les » consommateurs de huit à dix départements, les plus popu-

(1) Voyez quelle était, alors, la tendresse de la Chambre de commerce de Lille pour nos houillères qu'elle veut défendre aujourd'hui.

« leux de la France. Imposé à ces départements d'une manière « exceptionnelle et maintenu malgré leurs réclamations, ce droit « est-il indispensable pour la prospérité de nos houillères ?

« L'intérêt du fisc ne saurait être justement invoqué : le gouver- « nement a plus d'une fois déclaré qu'une bonne loi de douanes « ne pouvait être une loi fiscale, sauf ce qui touche aux produits « essentiellement imposables comme objets de luxe. Ce n'est pas « la houille que l'on rangera dans cette dernière catégorie.

« L'intérêt d'Anzin a servi de prétexte, mais ce n'est plus « qu'indirectement qu'on ose encore le mêler à la discussion. On « sait, en effet, qu'Anzin prospérait lors même qu'aucun droit ne « le protégeait, la Belgique étant réunie à la France. On sait « qu'Anzin réalise des bénéfices énormes, évalués à plus de « 3,000,000 fr. par année.

« Anzin, de l'aveu même de ses défenseurs, extrait la houille à « aussi bon marché que Mons.

« De plus, le quintal de charbon de Mons se trouve déjà chargé « de 25 c. de frais lorsqu'il est parvenu dans l'Escaut, à la hau- « teur d'Anzin ; Anzin aura donc toujours sur Mons cette prime « de 25 c. pour ce qu'il fournit à la consommation intérieure.

« Enfin, et si, malgré ces faits, il restait encore quelques doutes « sur la possibilité où est Anzin de se passer de la protection du « droit, la compagnie d'Anzin elle-même s'est chargée de les « lever : ELLE ACCORDE UNE PRIME DE QUINZE CENTIMES PAR « QUINTAL SUR CEUX DE SES CHARBONS DONT L'EXPORTATION « EST DUMENT CONSTATÉE ! N'est-pas prouver qu'elle peut vendre « avec bénéfice à 15 c. au-dessous du cours que l'existence du « droit lui permet d'imposer aux consommateurs français ? »

Quelque chose a-t-il jamais été ni plus clair, ni plus précis ?

Mais si ce qu'a bien voulu signaler la chambre de commerce de Lille, en 1833, a subi quelques modifications quant aux chiffres, quant au chiffre des bénéfices d'Anzin, par exemple, qui est beaucoup plus considérable, le fond est bien resté ce qu'il était. Les industriels de Paris, des départements de l'Eure, de la Seine-Inférieure, ont toujours à supporter le prix beaucoup trop élevé des houilles; seulement, pour la chambre de commerce de Lille, la saison est changée, et son sermon n'est plus le même, c'est un langage tout différent. Mais nous nous approprions ses paroles de 1833; pour elle, la palinodie n'est plus possible.

Disons qu'il ressort encore des citations qui précèdent que la chambre de commerce de Lille n'a pas seulement permis de distinguer, d'apprécier clairement à quel point de vue elle se place; ces citations permettent encore de savoir, par elle, les secrets motifs qui font agir la chambre de commerce de Valenciennes, — qui font rompre l'alliance quand il s'agit d'un dégrèvement sur les houilles de la Belgique: ce n'est point non plus un intérêt national qui inspire la chambre de commerce de Valenciennes; une autre pensée secrète la dirige : *c'est pour protéger la bourse des actionnaires de la nouvelle compagnie de Douchy, fort nombreux à Valenciennes, et cela de concert avec les défenseurs du* monopole *d'Anzin.* Ces points sont toujours parfaitement bons à noter.

Pouvons-nous montrer plus clairement les grosses ficelles qui font agir, dans un sens ou dans l'autre, les chambres de commerce de Lille et de Valenciennes?

Avant d'abandonner cet ordre d'idées qui a fait faire, nous le croyons du moins, un pas immense à la question, apprécions aussi les arguments présentés, il y a peu de temps, par la chambre de commerce d'Amiens, chargée de soutenir le même système que sa voisine, la chambre de commerce de Lille. La chambre d'Amiens s'adressait à M. le ministre du commerce :

« Il est évident, a-t-elle dit, que si la double proposition de la

« chambre de Rouen était adoptée, les houilles anglaises, qui « s'avancent de plus en plus dans les voies navigables aboutis- « sant à la Manche, repousseraient jusque chez elles les *houilles* « *de la Belgique*, lesquelles peuvent maintenant pénétrer encore « jusqu'à Dunkerque, jusqu'à Paris (1) et même jusqu'à Rouen.

« A la première vue, on est porté à admettre que c'est chose « indifférente que les houilles que nous recevons de l'étranger « soient fournies par l'Angleterre ou par la Belgique. Nous « croyons, M. le ministre, qu'il est loin d'en être ainsi, et que, « dans l'intérêt de notre industrie manufacturière, nous devons « bien nous garder de rompre nos relations établies avec la Bel- « gique, pour augmenter nos rapports avec la Grande-Bretagne.

« La Belgique est, par sa position géographique, l'alliée natu- « relle de la France; le peu d'étendue de son territoire, le chiffre « modique de sa population, ne lui permettent pas d'en être la « rivale. Son propre intérêt lui commande de nous ménager et « de conserver, par tous les moyens, la bonne harmonie qui « règne entre les deux nations.

« En est-il ainsi de l'Angleterre ? Assurément non. Elle a tou- « jours été la rivale de la France, sa puissance maritime en a fait « une adversaire redoutable. Serait-il dès-lors prudent de « compter sur elle pour l'alimentation de nos usines ? N'est-il « pas à craindre que, parvenant un jour à substituer ses char- « bons à ceux de la Belgique et même en partie à ceux de nos « houillères, elle ne profite de cette position pour peser sur le « commerce et l'industrie de la France, et en obtenir de nou- « velles concessions ? Dans quel embarras ne nous trouverions- nous pas aussi, si, sur ces entrefaites, une guerre maritime « éclatait? »

Ce sont là seulement des raisons purement politiques, il faut bien le reconnaître, des raisons de sympathie pour une nation, et d'antipathie contre une autre, mais nous le constatons avec empressement, nos houillères ont été laissées en dehors du débat parce que la chambre de commerce d'Amiens n'a pu s'empêcher de reconnaître

(1) Les états statistiques établissent que cette énonciation est inexacte.

qu'elles étaient complètement désintéressées dans la question.

Ainsi, les seules craintes de la chambre de commerce d'Amiens sont de blesser, aujourd'hui, la Belgique, parce que plus tard, en cas de conflit avec l'Angleterre, elle pourrait nous refuser ses charbons.

A ceci, nous avons répondu déjà dans ce sens qu'il ne s'agit pas de blesser la Belgique ; qu'il s'agit simplement de faire un acte de justice qui permettra à des produits étrangers, comme les siens, de venir aux mêmes conditions sur nos marchés, et que toujours la Belgique nous enverra ses houilles tant qu'elles trouveront chez nous un placement avantageux au profit du travail, au profit de son commerce ; que d'ailleurs la situation doit avoir aujourd'hui complètement modifié les appréciations politiques.

Ceci doit suffire pour réponse à la chambre de commerce d'Amiens, qui contrainte par sa situation de prendre un parti, a donné sa voix pour ses alliées naturelles, les chambres de commerce de Lille et de Valenciennes, mais qui a eu la bonne foi de se tenir sur un terrain tout de suppositions et dont les paroles équivalent à celles-ci : *Je m'en rapporte.*

IX.

Après avoir établi, de manière à satisfaire les exigences les plus rebelles, que l'intérêt de nos houillères nationales n'est point engagé dans la question du nivellement des zones, de l'égalité des droits de douane sur les houilles étrangères à leur entrée en France, qu'elles soient importées par terre ou par mer; après avoir démontré, avec non moins de vérité, que la justice, que l'équité commandent impérieusement les modifications réclamées en faveur de nos départements de l'Ouest, soumis à un régime vraiment exceptionnel en ce qui concerne les houilles, qu'il soit permis aussi, surabondamment sans doute, car la lumière est faite et la question est jugée, d'invoquer un intérêt également puissant, celui de notre marine nationale.

En 1836, comme en 1841, cette considération, qui eût suffi certainement à elle seule pour faire triompher de toutes les arguties produites contre la demande que nous formulons de nouveau aujourd'hui, ne pouvait être invoquée. A ces époques, en effet, notre cabotage marchand, véritable pépinière de notre marine nationale, était en pleine prospérité; mais qui pourrait nier en ce moment que l'existence de cette pépinière est sérieusement menacée?

Evidemment, quand le chemin de fer de Paris à Bordeaux sera achevé, c'est à dire dans moins de deux ans, une grande partie des vins et eaux-de-vie transportés par mer de Bordeaux à Nantes et à Rouen, pour de là remonter par la Loire et la Seine, ou par les chemins de fer latéraux, jusqu'à Paris, prendront la voie bien plus expéditive du chemin de fer direct.

Il en sera de même pour tous les produits de la Méditerranée qui, aujourd'hui, viennent par cabotage de Marseille, de Cette et de Port-Vendres, et qui, après l'achèvement du chemin de fer de Lyon, remonteront à Paris en moins de trente-six heures.

Le commerce maritime ne saurait protester contre ces changements, dont il se trouvera victime, puisqu'ils constituent une véritable amélioration pour l'ensemble des consommateurs ; mais il a le droit de demander qu'on ne lui enlève point, par des mesures fiscales, les compensations qu'il trouverait dans l'établissement de relations nouvelles.

Or, il est certain que le transport des charbons lui fournirait un aliment capable d'occuper un grand nombre de navires en ce moment menacés d'une ruineuse inaction.

En présence de l'absolue nécessité d'assurer à notre marine marchande des éléments de fret en échange de ceux qui doivent nécessairement leur échapper par la mise en exploitation des chemins de fer de Bordeaux, de Nantes, de Marseille, etc., n'est-il pas bien permis de jeter un coup d'œil sur les charbons anglais ?

Quelle objection sérieuse peut-on faire ?

Voudra-t-on prétendre que la navigation des fleuves et des canaux mérite plus de considération ? Il est évident que si on n'assure pas à notre cabotage cette importante ressource, les armateurs des nombreux navires employés à cette navigation se trouveront bientôt dans la déplorable nécessité de désarmer; et, alors que nos navires caboteurs auront désarmé, par quelle voie arrivera-t-on au recrutement de notre marine nationale, encore facile et si peu coûteux pour l'Etat? On ne s'adressera pas, sans doute, aux marins flamands qui composent l'équipage des bateaux occupés au transport des charbons de la Belgique?

Objectera-t-on encore que nos navires n'obtiendront pas la préférence pour le transport des charbons?

A ceci, nous répondrons ce que nous avons répondu dans des circonstances où déjà il a été nécessaire de s'expliquer: le passé nous assure que le partage de notre marine sera complètement satisfaisant; mais s'il devait en être autrement, nous aurions à dire que le pavillon anglais serait encore préférable à la marine flamande. En effet, le transport des charbons de la Belgique se fait au moyen de bateaux sans équipage, pour ainsi dire, et ne laissant aucune trace de leur passage dans les pays qu'ils parcourent ou même dans lesquels ils séjournent; tandis que pour les remplacer nous aurions, dans nos ports, des navires montés par huit ou dix hommes d'équipage, ne portant pas plus que des bateaux belges montés par deux hommes, et faisant large consommation de nos vins, eaux-de-vie, viande, denrées de toutes espèces; achetant facilement toutes choses, et produisant par conséquent une consommation importante, payant des droits au trésor et aux octrois.

Puis, pour faire remonter les charbons anglais du port de Rouen à Paris, on devrait nécessairement employer nos bateaux dits de Paris, si mal partagés pour les transports depuis la mise en activité des chemins de fer de Rouen et du Havre à Paris. Les bateaux faisant le transport des charbons de la Belgique pourraient également trouver dans les voyages de Rouen à Paris un emploi lucratif.

Il doit donc demeurer bien acquis aussi qu'au point de vue maritime, la solution que nous réclamons est non-seulement indispensable, mais qu'elle est d'une urgence extrême.

L'Angleterre aussi a vu sa marine menacée par la concurrence des chemins de fer, et aussitôt son gouvernement n'a pas hésité à décider que les houilles n'arriveraient à Londres que par la voie de la Tamise. Par cette décision, il a été immédiatement assuré, aux armemens maritimes anglais, un renfort de plus de quatre mille marins.

Sera-t-il possible de ne pas voir en France le danger qui menace nos ports, notre marine nationale? Notre gouvernement est trop pénétré de nos besoins, exerce une surveillance trop active sur nos intérêts généraux, pour ne pas être frappé de cette difficile situation.

Quant à l'intérêt du trésor, on reconnaîtra aisément qu'il est peu engagé dans la question, si l'on veut bien se rappeler que ce sont les houilles étrangères, payant le plus faible droit, qui sont introduites chez nous en plus grande quantité; que l'importation des houilles de la Belgique, soumise au droit de 1 fr. 65, s'est élevée à plus de 17 millions de quintaux métriques, tandis que l'importation de celles frappées du droit de 5 fr. 50 pour la zone de l'ouest et de 3 fr. 30 pour la zone du sud n'a été que de 5 millions de quintaux. Or, si le droit n'eût été sur ces dernières que de 1 fr. 65, la perte pour le trésor se fût élevée seulement à environ 1 million 500,000 francs, perte insensible qui pourrait bien facilement être compensée, si le gouvernement en éprouvait la nécessité.

En effet, pendant l'année 1850, il a été importé 25 millions de quintaux métriques de houilles étrangères; sous les droits différentiels auxquels elles sont soumises, elles ont donné ensemble une perception d'environ 5 millions de francs.

Si tous ces charbons étrangers eussent été soumis à un droit uniforme, celui de 2 fr. 20, par exemple, le produit eût été de 5 millions 500,000 francs.

Nous fixons particulièrement l'attention sur ces chiffres, de nature à répondre à toutes les objections.

X.

Nous avons successivement examiné tous les arguments produits pour ou contre depuis vingt années dans l'importante question de la tarification à l'entrée des houilles étrangères. Plutôt que de négliger aucun des points, nous avons peut-être dépassé les limites que nos observations auraient dû atteindre ; mais il nous importait, pour n'avoir plus à y revenir, de ne rien laisser en arrière et d'arriver à fixer la discussion sur son véritable terrain.

Nous croyons avoir rempli la tâche que nous nous sommes imposée.

Nous croyons avoir démontré jusqu'à la dernière évidence que les droits différentiels n'ont été établis et maintenus que pour servir les intérêts de la Belgique ; que jamais nos houillères françaises n'ont eu à profiter du système de protection résultant des zones.

Nous croyons avoir démontré que l'intérêt particulier soit au point de vue du commerce, soit au point de vue de l'exploitation des charbons belges, conduit seul les chambres de commerce des villes du Nord à s'opposer à la modification des tarifs de douane en ce qui concerne les houilles étrangères; que la législation actuelle pèse de la manière la plus sensible et la plus onéreuse sur les établissements industriels, sur les consommateurs des départements de l'Ouest, qui se trouvent ainsi placés dans des conditions d'inégalité choquante, inégalité qui ne devrait frapper que les commerçants de pays étrangers les uns aux autres.

En établissant d'une manière qui nous a paru péremptoire que les besoins généraux du commerce réclamaient impérieusement et sans délai une mesure si justement sollicitée depuis un trop long temps, nous n'avons pu oublier, non plus, les intérêts de notre marine nationale et de notre marine marchande, toutes deux intimement liées l'une à l'autre, et dont l'existence est si fatalement menacée par la suppression presque absolue du cabotage qui désarmera nécessairement si on ne s'empresse de lui fournir le transport des houilles étrangères pour nouvel aliment.

Le dernier point que nous avons eu à examiner a été l'intérêt du trésor; par des chiffres obtenus sur des documents authentiques, nous avons établi que ses droits, peu engagés d'ailleurs, pouvaient être aisément sauvegardés; que la somme des perceptions opérées pouvait ne pas subir de diminution.

Tel est notre résumé.

Pour ces observations, nous avons apporté tout le soin possible dans le classement des documents auxquels nous avons dû nécessairement recourir, et nous serons suffisamment récompensé de notre travail si nous parvenons à fixer l'attention du gouvernement sur une cause, la plus juste qu'il soit possible de défendre.

Exciter cette attention est le point capital, car alors le succès sera nécessairement assuré : le système des zones aura disparu, et les houilles étrangères, qu'elles soient importées par terre ou par mer, seront frappées d'un droit égal à leur entrée sur le territoire de la France.

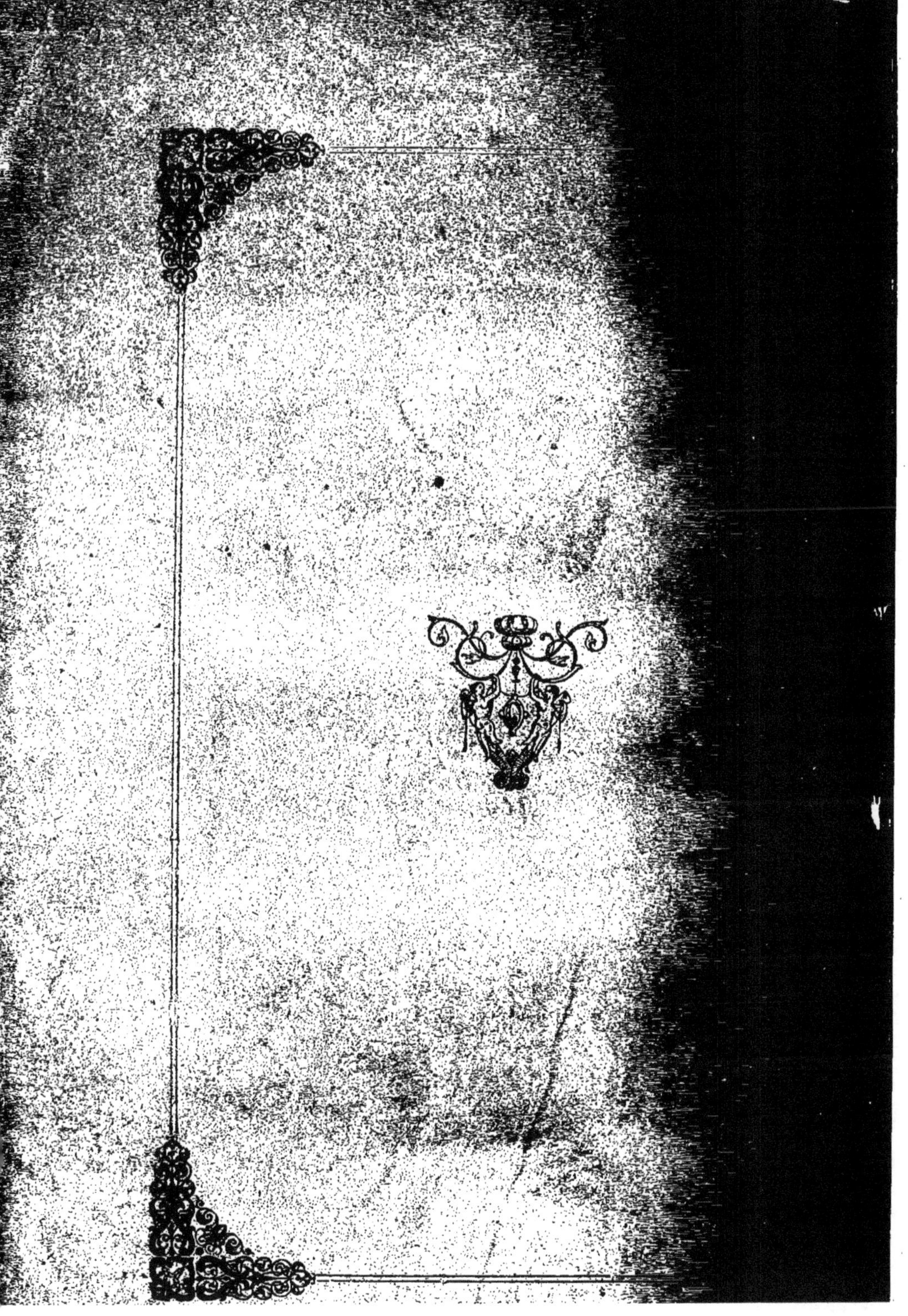

www.ingramcontent.com/pod-product-compliance
Ingram Content Group UK Ltd.
Pitfield, Milton Keynes, MK11 3LW, UK
UKHW021026180726
13838UKWH00004B/1634

9 782019 948047